A,B,C,D	Documento:	MANUAL	No. Código	A,b,c,d,2
			Revisión No.:	02-8
SEGURIRAD	Proceso:	PROTECCION PERSONALIZADA V.I.P.	Inicia Vigencia:	
			Página	1 de 48

PROTECCION PERSONALIZADA VIP.

Se prohíbe la reproducción total o parcial del presente manual sin la autorización expresa o escrita por el **AUTOR**

BIENVENIDO

ÁREA HUMANISTA.

RELACIONES HUMANAS INTERPERSONALES

Las relaciones humanas son el conjunto de interacciones que se dan entre dos personas o más, Estas relaciones se basan en normas aceptadas por todos. Desde que nacemos hasta que morimos, las personas formamos toda clase de uniones y dependemos unos de otros para relacionarse de la mejor manera posible.

Las buenas relaciones son el resultado de establecer tales relaciones con la gente correcta y luego ir fortaleciendo esas relaciones a través de una comunicación eficaz, ya que por medio de ella se expresan emociones y sentimientos, problemas y experiencias vividas y además de expresarlas, permite que otra persona las comprenda y las comparta.

IMPORTANCIA DE LAS RELACIONES HUMANAS

Las relaciones son indispensables para nuestra vida diaria, a nivel personal, laboral y social. El relacionarse de forma positiva es un arte porque no todos logramos encontrar las formas más adecuadas para crecer y seguir mejorando como individuo y como trabajador.

Las relaciones humanas nos ayudan a entendernos de mejor manera entre las personas por medio de la información que cada uno posee y la forma en que se comparte con los demás. Por otro lado, al tener en cuenta las diferencias individuales se reducen los conflictos dando como resultado relaciones positivas que permiten a cada persona lograr la satisfacción de sus necesidades y alcanzar su realización.

PRINCIPIOS DE LAS RELACIONES HUMANAS

RESPETO

Significa apreciar, considerar a los demás, es reconocer el valor de cada persona. En todo momento, se debe tratar a cada persona - a uno mismo y a los demás- con el respeto que le corresponde por su dignidad y su valor. El respeto es uno de los principios fundamentales que debe practicarse en las relaciones humanas.

Y recordar que el valor de los seres humanos es distinto del que tienen los objetos que usamos, las cosas tienen un valor de intercambio, se pueden reemplazar. Los seres humanos en cambio, tenemos un valor ilimitado, poseemos una identidad y la capacidad de elegir. Los seres humanos somos únicos e irreemplazables, merecedores del respeto de los demás.

HONESTIDAD

La honestidad es una cualidad humana que consiste en comportarse y expresarse con sinceridad y coherencia.

La honestidad es también la capacidad de reconocer nuestras fallas y defectos y el compromiso de aprender de nuestros errores, mostrar una actitud correcta hacia uno mismo y hacia los demás.

La honestidad no puede basarse en los propios deseos de las personas, si no en la capacidad de actuar siempre respetando los valores de la justicia y la verdad.

 Es uno de los principios más importantes para el perfeccionamiento de la personalidad. Una persona honesta es garantía de fidelidad, discreción, trabajo profesional y seguridad en el uso y manejo de los bienes materiales.

RESPONSABILIDAD

Es la cualidad que poseemos los seres humanos de responder por las consecuencias de las decisiones que tomamos. Así mismo, es quien cumple con sus obligaciones, pone cuidado y atención en lo que hace o decide.

La responsabilidad es un valor que se va adquiriendo a lo largo de la vida y queda en la conciencia de la persona. Una persona responsable reflexiona, se detiene y valora las consecuencias de sus actos.

 Todos los seres humanos somos libres, por lo tanto, capaces de elegir entre lo correcto o lo incorrecto con plena conciencia. Pero cada decisión que tomamos en la vida tiene consecuencias. La responsabilidad entonces consiste en valorar nuestras acciones y tomar las decisiones correctas.

RELACIONES INTERPERSONALES

Son las relaciones que se establecen a largo plazo entre dos o más personas. Estas relaciones se basan en emociones y sentimientos, como el amor y el gusto artístico, el interés por los negocios y las actividades sociales, tienen una gran variedad de contextos como la familia, el matrimonio, las amistades y el trabajo.

Importancia de las relaciones interpersonales Las relaciones interpersonales nos permiten alcanzar las metas y objetivos necesarios para nuestro desarrollo personal y social. Es importante entonces conocer y practicar habilidades sociales para establecer y mantener unas relaciones interpersonales adecuadas, que nos permitan desenvolvernos con eficacia en todas las áreas de la vida.

PRINCIPIOS DE LAS RELACIONES INTERPERSONALES

LEALTAD

Significa cumplir con los compromisos aún frente a circunstancias cambiantes o desfavorables. Se trata de estar con aquellos que han confiado en nosotros, en las buenas y en las malas. Ser leal es un valor que se aprende sobre todo cuando se atraviesan situaciones difíciles que son como prueba de la verdadera amistad. La lealtad es uno de los principios más importantes de las relaciones interpersonales, porque es así como se puede confiar en los demás. Esta confianza y lealtad es la base en los grupos humanos cuando los objetivos son compartidos por todos los miembros.

TOLERANCIA

La tolerancia es el respeto por los pensamientos y las acciones de otros cuando resultan contrarios o distintos a los propios. Es la expresión más clara del respeto por los demás, y como tal es fundamental para la convivencia pacífica entre las personas. Tiene que ver con el reconocimiento de los otros como seres humanos, con derecho a ser aceptados en su individualidad.

Es importante tener en cuenta que la tolerancia no es sinónimo de indiferencia o estar de acuerdo con las acciones de los demás. Es ante todo respeto, y en el mejor de los casos, entendimiento.

DISCRECIÓN

Es un principio que se practica cuando la información relacionada con el trabajo es mantenida en secreto o comunicada de manera prudente y cautelosa. La discreción es un elemento de gran importancia a la hora de establecer lazos de confianza entre dos personas que se conocen y comunican entre sí.

LA DISCRECIÓN ES UNA CUALIDAD PROTECTORA

Los escoltas privados deben considerar que la información que manejan es muy sensible y que ellos deben garantizar su confidencialidad y custodia, debiendo guardar la reserva debida sobre la información a la que tuvieran acceso por razón de su actividad, incluso después de finalizar su jornada laboral.

ACTITUDES BÁSICAS DEL ESCOLTA PRIVADO

PROFESIONALISMO

Es la capacidad y preparación constante para el desempeño de una actividad profesional. Es el cumplimiento efectivo de una determinada profesión. Es por ello que la capacitación es un elemento de suma importancia para ser un verdadero profesional.

El escolta privado debe mostrar en todo momento esa "actitud profesional". Debe poseer la capacidad intelectual, los conocimientos y experiencia, que le permitan desarrollar el trabajo de manera profesional. Se debe considerar que un agente de seguridad que actúa con profesionalismo pondrá especial cuidado en el orden, la puntualidad, la constancia y, en general, en todos los detalles.

LA CONFIANZA ES LA SEGURIDAD ACTITUDES BÁSICAS DEL ESCOLTA PRIVADO

PROFESIONALISMO

Es la capacidad y preparación constante para el desempeño de una actividad profesional. Es el cumplimiento efectivo de una determinada profesión. Es por ello por lo que la capacitación es un elemento de suma importancia para ser un verdadero profesional.

El escolta privado debe mostrar en todo momento esa "actitud profesional". Debe poseer la capacidad intelectual, los conocimientos y experiencia, que le permitan desarrollar el trabajo de manera profesional. Se debe considerar que un agente de seguridad que actúa con profesionalismo pondrá especial cuidado en el orden, la puntualidad, la constancia y, en general, en todos los detalles.

CONFIANZA

La confianza es la seguridad que se tiene en uno mismo o en los demás, basadas en el conocimiento de las propias capacidades. Es la actitud que se aprecia en un escolta privado cuando desarrolla sus actividades confiando en su capacidad, la cual va adquiriendo a través del entrenamiento recibido. Esa confianza que el escolta tiene en sí mismo es captada por la sociedad demandante del servicio.

ASERTIVIDAD

Es la capacidad que tiene una persona para comunicarse sin ofender, agredir o forzar la voluntad de otras personas, sino que expresa sus puntos de vista y defiende sus derechos. El asertividad es un modelo de relación interpersonal que consiste en conocer los propios derechos y defenderlos, respetando a los demás. Se basa en el hecho de que todas las personas poseen los mismos derechos. La conducta asertiva se puede aprender y practicar y de esta manera ir mejorando nuestra capacidad de respuestas asertivas para disminuir aquellas que nos provoquen enojos o malentendidos, entre otros.

El escolta privado, debe estar comprometido en proporcionar un servicio de calidad.

COMUNICACIÓN EFECTIVA

LOS ELEMENTOS BÁSICOS DE LA COMUNICACIÓN SON

Emisor   mensaje   canal   receptor   respuesta

La comunicación es efectiva cuando queda claro el mensaje de lo que se quiere transmitir o recibir. Un punto importante para tomar en cuenta para lograr una buena comunicación es saber escuchar. En cualquier grupo u organización se tiene que saber qué necesita o qué espera la otra persona para poder elaborar el mensaje adecuado y lograr así el objetivo deseado.

Cuando nos comunicamos con la intención de ser escuchado, pero no estamos dispuestos a escuchar, el mensaje que se desea transmitir no cumplirá su objetivo. Es necesario que aprendamos a comunicarnos, a expresarnos en forma clara y respetuosa promoviendo confianza entre las personas que se tiene en uno mismo o en los demás, basada en el conocimiento de las propias capacidades. Es la actitud que se aprecia en un escolta privado cuando desarrolla sus actividades confiando en su capacidad, la cual va adquiriendo a través del entrenamiento recibido. Esa confianza que el escolta tiene en sí mismo es captada por la sociedad demandante del servicio.

Asertividad

Es la capacidad que tiene una persona, para comunicarse, sin agredir, ofender o forzar la voluntad de otras personas, sino que expresa sus puntos de vista y defiende sus derechos. El asertividad es un modelo de relación interpersonal que consiste en conocer los propios derechos y defenderlos, respetando a los demás. Se basa en el hecho de que todas las personas poseen los mismos derechos. La conducta asertiva se puede aprender y practicar y de esta manera ir mejorando nuestra capacidad de respuestas asertivas para disminuir aquellas que nos provoquen enojos o malentendidos, entre otros.

RESPETO

El respeto es un valor que permite que el hombre pueda reconocer, aceptar y apreciar y valorar las cualidades del prójimo y sus derechos. En particular el respeto que se debe a las autoridades debe caracterizar a un escolta   en el ejercicio de sus funciones, debiendo reconocer y respetar la jerarquía de mandos, autoridad y estatus de las personas. También les debe observancia a las autoridades civiles, sociedad, y símbolos patrios de México.

DISCIPLINA

Es el conjunto de reglas para mantener el orden y la subordinación entre los miembros de un grupo. La disciplina se obtiene mediante la práctica de rutinas y hábitos que se trabajan día a día. Los escoltas privados por la naturaleza de la función específica de protección y custodia de personas o grupos humanos, requiere de sus miembros una severa y consciente disciplina, que se manifieste en el fiel cumplimiento del deber y respeto a las jerarquías. El escolta privado, al ingresar libremente a la profesión, acepta las obligaciones y derechos que conlleva el realizar dicha función.

COMPROMISO

Es la actitud por la cual una persona se propone cumplir o realizar lo que se ha propuesto o que debe hacer. Un compromiso es una obligación con nosotros mismos y con los demás Y es parte fundamental. El compromiso auténtico tiene dos características: sinceridad y exigencia. Sólo cuando la persona es sincera y exigente consigo misma, es verdaderamente comprometida, no espera que le supervisen, que le vigilen, sino que actúa correctamente y con responsabilidad. El escolta privado, debe estar comprometido en proporcionar un servicio de calidad.

NORMA ÉTICA EN EL SERVICIO

"La mente del hombre superior valora la honradez; la mente del hombre inferior valora el beneficio." Confucio

1.- LA ÉTICA.

La ética es parte de la filosofía que trata de las obligaciones del hombre, de cómo ha de comportarse usando la razón, con el objeto de construir una sociedad en la que todos puedan cumplir con sus deberes y obligaciones. La ética es un modo de conducta que se va adquiriendo por medio del hábito y no por disposición natural. La ética permite a la persona decidir cuál es la mejor, la más correcta o conveniente forma de actuación para hacer frente a las diversas situaciones que se le presenten con responsabilidad y honestidad. Los principios de la ética son obligatorios para todos y en todas las circunstancias.

2.- ÉTICA Y MORAL.

La ética y la moral son dos términos que se complementan. La ética no propone ninguna norma o conducta; no manda ni sugiere directamente qué debemos hacer. Su función consiste en aclarar qué es lo correcto, y cómo debe aplicarse a la vida diaria.

La moral, en cambio, es la aplicación, el ejercicio de las buenas costumbres, de las prácticas necesarias para llevar a la persona al pleno desarrollo de sus capacidades. La moral se concreta en la relación del hombre consigo mismo, con los demás y con la sociedad en que se vive.

PRINCIPIOS ÉTICOS FUNDAMENTALES

LA DIGNIDAD HUMANA

Es la base primordial en el escolta por eso el término dignidad significa algo que es valioso, lo que es estimado o considerado por sí mismo, y no en función de otra cosa. La dignidad humana es un valor que se encuentra dentro de cada uno. El hombre vale por lo que es, no por lo que sabe, lo que hace o lo que tiene.

La dignidad humana no se puede dar ni quitar a nadie. Es algo que nos viene dado desde que nacemos hasta que morimos.

INTEGRIDAD

Integridad es la capacidad de actuar con rectitud y transparencia. Significa actuar en todo momento con un compromiso personal de honestidad, vivir de acuerdo con principios éticos y morales. La integridad es una virtud que llegamos a desarrollar al comprometernos con dichos principios.

LEALTAD

Es la obligación de corresponder al bien que hemos recibido de alguien, un compromiso a defender lo que creemos. Este principio se manifiesta cuando los agentes de seguridad demuestren en su desempeño hacia las personas que protege, el estricto cumplimiento de los deberes de honradez, fidelidad y respeto a la palabra dada.

DESINTERÉS

Se refiere a la actitud de generosidad y disposición para ayudar a otros sin esperar un beneficio personal. Los escoltas privados deberán prestar un especial cuidado para evitar conflictos de intereses, los cuales surge cuando el interés personal de quien brinda un servicio choca con los deberes y obligaciones del cargo que desempeña.

VOCACIÓN

Es el interés genuino que siente una persona hacia una forma de vida o un trabajo. La persona con vocación responde generosamente, poniendo al servicio de la Institución sus mejores aptitudes; consciente de que su compromiso con ella le llevará a su realización personal. Es importante apuntar que, en el desempeño de sus funciones, el escolta privado, debe asumir la responsabilidad y dar prioridad a aquellas personas que se encuentren en la posición más vulnerable.

DEONTOLOGÍA PROFESIONAL

Es el conjunto ordenado de deberes y obligaciones morales que tienen los profesionales de JUDA de una determinada materia o profesión. Trata los "códigos de conducta" de las profesiones. Se refiere al buen hacer que produce resultados deseables.

Importancia La deontología es esencial en el ejercicio de una profesión sobre todo en aquellas en que se manejan los derechos fundamentales de los ciudadanos. Un buen profesional es alguien que, en primer lugar, posee las capacidades que le permiten realizar su tarea con un alto grado de competencia y calidad, observando en todo momento los códigos de conducta establecidos en la empresa.

El establecimiento de códigos de conducta en un escolta que tiene como propósito, garantizar una disciplina interna entre sus miembros y el mantenimiento del prestigio de las personas de cualquier profesión.

EL SECRETO PROFESIONAL

Es el secreto por el cual, la persona se obliga a mantener ocultas todas aquellas confidencias que reciba en el ejercicio de su profesión. El secreto profesional, tiene una condición moral y otra jurídica. Desde el punto de vista moral, existe el deber de guardar el hecho conocido cuando éste pueda producir resultados dañinos o injustos sobre el cliente si se viola el secreto. En el ámbito legal, la obligación a guardar secreto está recogida por la mayoría de las leyes de México.

PREPARACIÓN MENTAL Y MANEJO DE CRISIS

"Las crisis son ofertas de cambio que nos hace la vida, No es preciso en absoluto saber cómo será lo nuevo; Sólo hace falta estar preparados y llenos de confianza"

PREPARACIÓN MENTAL DE UN ESCOLTA PRIVADO.

En la práctica del servicio se le van a presentar al escolta diferentes situaciones complicadas. Con frecuencia se verá en momentos difíciles, porque su intervención se deriva de un conflicto o de un atentado. Por estas razones, es necesario que el agente reúna una serie de requisitos o condiciones que le ayuden a enfrentar con éxito cualquier tipo de situación estresante, crítica o peligrosa que pueda surgir en su puesto de servicio.

ENRIQUE M. PICAZO ALONSO. PIAE700715FRA-0005.

FOMENTO DE LA ESTIMA PERSONA

La autoestima es el grado de valoración, confianza y respeto que una persona siente por sí misma. Es el sentimiento de satisfacción, motivación y aceptación propia que se ve reflejada en la manera en la que la persona enfrenta y resuelve sus problemas, en cómo se relaciona con las demás y en las decisiones que toma para su vida.

Una autoestima saludable hace que la persona sienta que vale por lo que es y no por lo que otras personas opinan. Se siente útil, competente, que tiene habilidades, talentos y que tiene algo para dar y compartir. Es una persona prudente, lo que la hace muy asertiva.

Las personas con una imagen negativa de sí mismas tienden a tomarse los fracasos como algo personal. Creen que sólo les pasa a ellas y los achacan a su inferioridad. Todo eso los lleva a ponerse a la defensiva y perder la esperanza para superar las dificultades.

En cambio, las personas con un concepto positivo de sí mismas son conscientes de que muchas de las cosas difíciles que le ocurren nada que ver con ellas en concreto, sino que también puede pasarle a cualquiera.

CÓMO FOMENTAR LA AUTOESTIMA

El primer paso es aprender a quererse a sí mismo. Evitar hacer cosas que van en contra de tu salud y bienestar. No criticarse. Evitar los términos "siempre" o "nunca" cuando cometa un error. Mejorar la inteligencia emocional. Para eso es necesario conocer tus emociones, Identificar tus sentimientos y conocer el momento en el que se producen es fundamental. Mostrar las emociones sin herir a los demás. Básicamente es transmitir lo que se quiere y cómo se quiere sin lastimar los sentimientos o emociones de los demás.

Manejo de emociones Las emociones son reacciones naturales que nos permiten ponernos en alerta ante determinadas situaciones que representan peligro, amenaza, frustración, etc. Los componentes centrales de las emociones son las reacciones fisiológicas (aumento de las palpitaciones del corazón, de la respiración, tensión muscular, etc.) y los pensamientos.

LA MEJOR FORMA DE MANEJAR LAS EMOCIONES ESTÁ EN LA CAPACIDAD PARA ENTENDERLAS Y MANEJARLA.

Conciencia emocional

Identificar las propias emociones y los efectos que podamos tener.

Correcta autovaloración

Conocer nuestras propias fortalezas y sus limitaciones.

Autoconfianza Un fuerte sentido del propio valor y capacidades que tenemos.

Utilizar técnicas concretas de manejar las emociones de ansiedad e ira.

Por ejemplo respiración profunda, relajación muscular, ejercicios de imaginación y visualización.

CAPACIDAD DE REACCIÓN

La capacidad de reacción consiste en principalmente en prestar atención a lo que nos rodea para poder detectar y reconocer cuando existe un peligro potencial. De esta manera es más fácil localizar e identificar a posibles delincuentes y responder de manera tal que desbarate sus planes de causar daño.

Sin embargo, una vez se ha detectado la presencia de delincuentes se deben tomar acciones inmediatas. Cuanto más se sepa sobre lo que se debe que hacer para evitar un ataque físico, y lo antes que se planee las acciones, más probable es que se tenga éxito al defenderse y ponerse a resguardo. Se hace necesario entonces, conocer los protocolos establecidos en cada escolta y repasarlos constantemente.

Trabajo en equipo Para hacer frente a los problemas y retos que se nos presenta en el desempeño de las tareas de seguridad privada, es indispensable coordinar esfuerzos. Esto se puede conseguir trabajando en equipo en el cual, cada uno contribuye con lo mejor de sí mismo y acepta con gusto las decisiones del equipo, aunque ello signifique abandonar los intereses personales. **En el momento de presentarse situaciones conflictivas, éstas podrán ser superadas si cada uno pone su mejor esfuerzo y capacidades en equipo.**

MANEJO DE CRISIS

Las entidades de seguridad privada, aun aquellas con la mejor organización deben hacer frente a conductas indebidas o situaciones que generan conflictos, que pueden ir desde quedarse dormido en el trabajo, hasta el uso inadecuado de la fuerza y la violación de los derechos humanos. En tal sentido que se dedican los recursos necesarios para que las situaciones de crisis sean manejadas efectivamente. Lo importante es anticiparlas, evitarlas o minimizar su impacto. En una situación de crisis se pone en juego la confianza y la competencia producto de la experiencia y el entrenamiento.

TIPOS DE CRISIS

Una crisis es el estado de desorganización producido por el impacto de una situación que altera la vida y que sobrepasa la capacidad normal de las personas para enfrentar problemas.

Estas situaciones son conocidas como eventos críticos, es decir, situaciones que producen un gran estrés, debido a que rebasan las experiencias humanas normales. Por ejemplo: un terremoto, un accidente grave o un asalto violento. Las crisis pueden ser el resultado de tres tipos de incidentes: a. Desastres o Catástrofes naturales

COMPORTAMIENTO HUMANO (asaltos, secuestros, sabotaje, huelgas)

COLAPSO TECNOLÓGICO (cortes de energía, crisis informáticas y otros).

CRISIS ESPERADAS.

Las crisis esperadas son las ocurren a partir de hechos que son parte de la vida misma y marcan el paso a una nueva etapa, que requiere tareas diferentes, por tanto, es posible anticipar su ocurrencia. Por ejemplo: el matrimonio, el nacimiento de un hijo, regiones vulnerables a desastres, etc. En el caso de la seguridad privada, existen personas que por la naturaleza de su trabajo pueden sufrir atentados.

Las Crisis no esperadas Ocurren a partir de acontecimientos que aparecen inesperadamente en la vida de las personas o de los grupos y, por tanto, tienen un efecto más destructor.

Los Efectos de las crisis o una situación de crisis no solo afectan a las personas individualmente, sino también afecta las relaciones entre las personas en la familia, los grupos, los equipos de trabajo o las empresas.

LAS PERSONAS AFECTADAS POR EL EVENTO CRÍTICO PUEDEN PRESENTAR ALGUNOS DE LOS SIGUIENTES EFECTOS

1.-Incredulidad y confusión.

2.-Dificultad para pensar y concentrarse.

3.- Dificultad para encontrar solución a los problemas.

4.-Dificultad para tomar decisiones.

5.- Fuerte impacto emocional, estado de shock.

6.- Emociones intensas de angustia, tristeza, rabia, miedo o impotencia.

7.- Tensión, irritabilidad, impulsividad.

8.-Revivir los efectos emocionales generados por la crisis.

9.- Conductas equivocadas.

10.-Aumento de consumo de alcohol u otras sustancias.

11.- Conductas de aislamiento.

12.-Dolores en el cuerpo, jaquecas, mareos o desmayos.

13.- Taquicardia y alteraciones de la tensión arterial.

14.-Presión en el pecho ("sofocamiento" o "falta de aire").

15.- Problemas gastrointestinales. Cansancio.

16.-Trastornos del sueño; insomnio, pesadillas o dormir en exceso.

17 Falta de apetito o comer en exceso.

PREPARACIÓN PARA LAS CRISIS

Las crisis son inevitables y, en la mayoría de los casos, no es posible predecir cuándo ocurrirá una crisis en particular, pero si es posible anticiparse a estos eventos, planeando de antemano qué hacer.

Anticipar las crisis supone desarrollar procedimientos que permitan:

a) Activar recursos para enfrentar las consecuencias del evento crítico.
b) Amortiguar y acoger el impacto propio de la crisis.
c) Incorporación de protocolos para el manejo de crisis Por la naturaleza de las funciones de las entidades, existen crisis que tienen mayor probabilidad de ocurrencia.

POR EJEMPLO

A) En un servicio de transporte de valores,
B) En un atentado en una caravana que custodia a un alto funcionario, etc.

Anticipar las acciones para enfrentar una crisis implica contar con un equipo preparado para coordinar el enfrentamiento de las crisis al interior de cada situacion.

ADQUISICIÓN DE CAPACIDADES ESPECIALES PARA EL MANEJO DE CRISIS

Cuando una persona ha enfrentado hechos violentos es necesario brindarle los primeros auxilios psicológicos, partiendo de la idea de que, las personas expuestas necesitan atender sus propias emociones y las de otros para sobrevivir, recuperarse y sanar.

Los efectos del trauma se encuentran entre los padecimientos más debilitantes y quizás de más larga duración que pueden afligir a un ser humano. Los efectos del trauma emocional, sin el cuidado y la atención adecuados, pueden durar toda la vida.

Es importante tener presente que la reacción física al estrés es una respuesta saludable y, por lo tanto, es buena idea aprender a reconocer sus síntomas para que no nos asusten y permitamos que fluyan sin oponer resistencia. Sin embargo, en algunas personas con traumas previos, estas sensaciones podrían ser detonantes: su sensación de seguridad podría verse comprometida y pueden experimentar algunas lagunas de memorias.

AUTO CUIDADO

Cuidarse para poder cuidar a otros Cuidar del bienestar de los otros, es una actividad complicada que requiere habilidades como la empatía, la paciencia, dedicación y esfuerzo, tanto físico como psicológico. El resultado para quienes la desempeñan es frecuentemente el cansancio y a menudo, las enfermedades directamente relacionadas con su profesión. El cuidado que nos damos a nosotros mismos se expresa en una serie de aspectos, desde los hábitos de alimentación e higiene, la búsqueda de un tiempo propio, hasta las actitudes ante el riesgo. El cuidado de uno mismo es condición para el cuidado de los otros.

Cuidados empresariales Para las empresas, es necesaria la responsabilidad de cuidar del bienestar general de las personas a quienes se deben: sus clientes y sus trabajadores. Los empleados esperan que la empresa les proporcione los medios necesarios para que su sitio de trabajo sea seguro y ser tratados de manera de justa.

FACTORES DE RESILIENCIA

«No puedes controlar todas las situaciones de tu vida, pero si puedes controlar tus actitudes hacia esas situaciones».

LA RESILIENCIA DISTINGUE DOS COMPONENTES

La resistencia frente a la destrucción, esto es, la capacidad de proteger la propia integridad bajo presión; por otra parte, más allá de la resistencia, la capacidad para construir una actitud positiva pese a circunstancias difíciles.

La resiliencia se ha caracterizado como un conjunto de procesos sociales y psicológicos que puede afectar o beneficiar a cada uno de los individuos, dependiendo su estado de salud del cerebro.

En JUDA se selecciona, prepara y fortalece cada una de las capacidades de los escoltas para que, dentro de sus funciones, puedan enfrentas situaciones de diferente nivel emocional y así a su vez no tener contratiempos en su desempeño como tal.

Esto nos ayuda a identificar los componentes variantes que le puedan afectar va el personal operativo, así como a cada uno de los clientes, a los cuales se les brindan los servicios de protección a funcionarios.

AMBIENTE FACILITADOR

Incluye acceso a la salud, educación, bienestar, apoyo emocional, reglas y límites familiares, estabilidad escolar y del hogar, entre otros.

FUERZA INTERIOR

Incluye la autonomía, el control de impulsos, el sentirse querido, la empatía.

HABILIDADES INTERPERSONALES

Incluye el manejo de situaciones, la solución de problemas, la capacidad de planeamiento y comportamiento de reacción en cada uno des objetivos establecidos aplicables por parte del personal que desempeña estas funciones.

EL LENGUAJE CORPORAL

El lenguaje corporal es aquel que se transmite a través de gestos y posturas. Los estudios sobre el lenguaje corporal analizan las emociones que se transmiten a través del movimiento, como la expresión facial y el movimiento de ojos, manos, piernas, pies y cuerpo en general. Es de suma importancia que un escolta sepa observar y reconocer las señales que envía el supuesto delincuente por medio del lenguaje corporal y detectar así las potenciales amenazas.

IDENTIFICACIÓN DE LENGUAJE CORPORAL.

La mirada esquiva, la sudoración profusa sobre todo en la frente, el ruborizarse, la sonrisa nerviosa, los gestos exagerados, taparse parcialmente la boca, tocarse la nariz, no responder a las preguntas de inmediato, son algunas de las señales que permitirán detectar amenazas. Una señal importante en un delincuente es que cuando se dispone a atacar, tiende a encorvar los hombros, une sus cejas y aprieta la mandíbula.

La habilidad para detectar situaciones de amenaza, saber interpretar el lenguaje corporal o identificar personas sospechas, no se adquiere de la noche a la mañana. Es necesaria la práctica constante, la observación minuciosa y rápida de las personas y objetos o situaciones que se encuentran en su entorno.

Un buen ejercicio de práctica se puede realizar observando constantemente el lenguaje corporal de los niños y de las mascotas porque sus gestos siempre están en correspondencia con sus sentimientos.

ETIQUETA Y PROTOCOLO

Etiqueta y el protocolo se refiere a una serie de reglas que deben ser aplicadas en cualquier ámbito en el cual toda persona se desenvuelva, desde el mismo momento de levantarse y al dirigirse a los demás, y durante todos los roles que esta persona desempeñe durante el resto del día. Existen algunos comportamientos que pueden desencadenar situaciones o momentos incómodos y que denotan falta de etiqueta empresarial afectando negativamente el servicio prestado. Por lo tanto, es conveniente para la empresa que se labora, mantener una actitud cordial, respetuosa, amable, y formal en el trato.

Por la naturaleza de su trabajo, un escolta privado debe conocer algunas de estas reglas, debido a que en muchas ocasiones su protegido o protegidos se desenvuelven en ambientes que exigen tales reglas.

En el Utilizar un saludo amable siempre va a causar una grata impresión en las personas. Expresiones como: buenas tardes, bienvenido, pase adelante por favor, sería usted tan amable..., con su permiso, muchas gracias, es un gusto servirle, y otras expresiones, denotan la buena educación y buenos modales del escolta.

De la misma manera, cuando debe detener el ingreso de personas a un lugar, deberá hacerlo de forma educada, sin perder de vista la firmeza de su postura y sus palabras.

Cuando por razones de la permanencia cercana a su protegido debe tomar sus alimentos en el propio lugar, deberá guardar ciertas normas de conducta que se les recomienda tales como:

1.- No hablar con la boca llena.

2.- Masticar los alimentos con la boca cerrada.

3.-no sorber cuando toma líquidos.

4.- No hacer ruidos. No colocar los codos sobre la mesa.

5.-Cuando necesite algo que está alejado de su lugar, pida por favor que se lo den.

6.-No debe pasar su brazo delante de las personas próximas a usted.

7.- Siempre agradezca cuando le hagan un favor.

8.-Mantenga un tono de voz adecuado.

9.- Si necesita comunicarse con otra persona que estás lejos de usted, espere el momento oportuno. Si no puede esperar, entonces aproxímese a la persona.

10.-No se levante de la mesa, hasta que todos hayan terminado, salvo disposición contraria por parte de su protegido.

EQUIDAD E IGUALDAD DE GÉNERO

La equidad de género es la capacidad de ser equitativo, justo y correcto en el trato de mujeres y hombres según sus necesidades respectivas. La equidad de género se refiere a la justicia necesaria para ofrecer el acceso y el control de recursos a mujeres y hombres por parte del gobierno, de las instituciones educativas y de la sociedad en general. Esto supone que no debe existir discriminación entre ambos sexos, en donde el hombre no goce de mayores privilegios que la mujer en ningún aspecto de la vida social.

La equidad de género representa el respeto a nuestros derechos como seres humanos y la tolerancia de nuestras diferencias como mujeres y hombres, representa la igualdad de oportunidades en todos los sectores importantes y en cualquier ámbito, sea este social, cultural o político.

Género, cultura y desarrollo Cada cultura instituye procesos de aprendizaje diferenciados, estableciendo una división del trabajo y del espacio de acuerdo con el sexo. Esto ha producido modelos de identidad femenina y masculina.

Hay formas de pensamientos que se nos han enseñado desde pequeños y se han vuelto costumbre. En la mayoría de las culturas las madres contribuyen a que no haya igualdad entre los hombres y las mujeres, debido a que ellas mismas fueron educadas de esa manera. ¿Acaso los hombres no pueden aprender a lavar platos, lavar ropa, barrer, trapear o realizar otras tareas domésticas? Las mujeres también aprenden a sembrar la milpa, a trabajar en fábricas, a despachar en las gasolineras, a cambiar las llantas de los carros, a manejar... Todo es aprendido y por eso se le llama Género, es lo que nos inculcan desde que estamos pequeños.

ÁREA JURÍDICA

FUNDAMENTOS LEGALES

Concepto de Ley Norma jurídica de observancia general emitida por un magistrado y de carácter obligatorio.

GENERALIDADES DEL DERECHO

Se llama Derecho al conjunto de normas jurídicas impuestas por el Estado para que sean observadas y cumplidas por la colectividad para una mejor convivencia social.

Clasificación del derecho, Derecho objetivo. Conjunto de normas jurídicas que regulan la conducta. (Ley, legislación)

Derecho subjetivo. Facultad prerrogativa de hacer o no hacer algo de conformidad y de acuerdo con la ley (facultad de exigir el cumplimiento de las normas)

Justicia y derecho Virtud de la ley que se inclina a dar a cada uno lo que le corresponde, después de realizado un juicio basándose en el derecho o la ley, o sea que el derecho se usa para impartir justicia, por eso se dice que la Justicia y el Derecho son coincidentes, ya que puede haber derechos injustos basados en la justicia, por ejemplo, la esclavitud se basaba en un derecho, pero representaba una injusticia.

FINES DEL DERECHO, LA JUSTICIA, EL BIEN COMÚN, LA SEGURIDAD JURÍDICA

En los escoltas nuestra principal política, es realizar y cumplir cada una de las normas establecidas en materia de seguridad, siempre estando al margen de la ley, respetando cada uno de los lineamientos establecidos en materia jurídica en base a de Jerarquía de la ley Constitución Política de los estados unidos mexicanos y los tratados convenciones sobre derechos humanos aceptados y ratificados. Con las Leyes constitucionales, Leyes ordinarias, Disposiciones reglamentarias, Disposiciones individualizadas.

¿Qué es lo que asegura nuestros Derechos, Garantías y Obligaciones como ciudadanos en un país donde parece no existir conciencia política ni social? La violación de Derechos es algo de lo que hoy se habla comúnmente y parece ya no afectar el imaginario colectivo. México se ha enfrentado a diferentes crisis sociales, crisis que colocan al territorio en un punto rojo que poco a poco se oscurece más

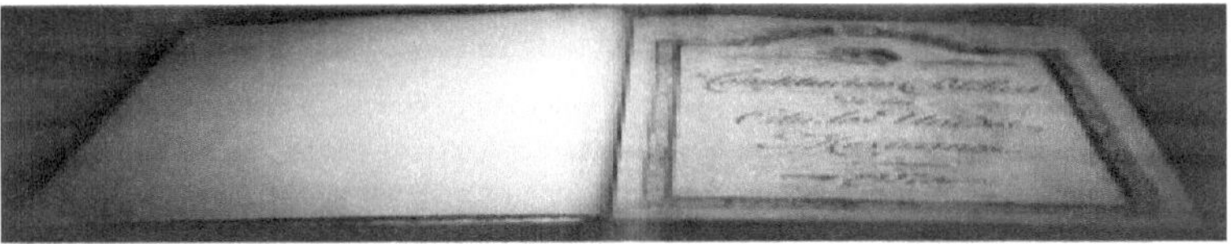

GENERALIDADES DE LA CONSTITUCIÓN POLÍTICA DE LOS ESTADOS UNIDOS MEXICANOS Y SUS GARANTÍAS.

La búsqueda de igualdad, equidad y justicia en el territorio mexicano se ha hecho casi desde la Conquista, pero se dio de una manera más constante durante los movimientos revolucionarios de 1910 que luchaban por la libertad de Derechos. Fue hasta el 5 de febrero cuando promulgada la constitución Política de los Estados Unidos Mexicanos de 1917, por el presidente constitucionalista Venustiano Carranza.

La revolución mexicana trajo muchos cambios en la sociedad, y es considerada uno de los movimientos más importantes del siglo XX. Durante más de 10 años el pueblo luchó en contra de la opresión del gobierno.

Uno de los cambios más importantes que resultó de esta lucha fue la creación de la constitución Política de 1917, uno de los documentos más importantes en la historia de México. Para que existiera tal y como la conocemos, tuvo que ser modificada más de 200 veces con el fin de lograr una mejoría que nos beneficiara a todos los habitantes del país.

La importancia de este documento radica en que es el primero en la historia en incluir los Derechos Sociales, marcando de esta forma un antecedente para el resto del mundo, lo que le otorgó el reconocimiento de "la primer Constitución social del Siglo XX".

Los antecedentes de esta Constitución están en el Acta Constitutiva de la Federación, la Constitución de los Estados Unidos Mexicanos de 1824, las Siete Leyes Constitucionales de 1836, las Bases Orgánicas de la República Mexicana de 1843, el Acta Constitutiva y de Reformas de 1847 y la Constitución Federal de los Estados Unidos Mexicanos de 1857.

Dentro de las principales aportaciones de la Constitución de 1917, y que la distinguían por completo de las anteriores, aunque se hayan retomado algunos elementos de éstas, se encuentra la no reelección del presidente, las garantías individuales; se enfatizó, también, la división de poderes en Ejecutivo, Legislativo y Federal; dejo de existir la figura de vicepresidente al tiempo que se le daba una mayor soberanía a todos los estados de la República.

Actualmente la sociedad se rige por Garantías, que son el medio para que hagas valer tus Derechos Constitucionales, comprendidos en diversos Artículos que se encargan de salvaguardarlos, mismos que como mexicanos tenemos la responsabilidad de conocer y comprender para hacer valer.

AQUÍ TE PRESENTAMOS UNA LISTA DE 10 ARTÍCULOS CONSTITUCIONALES QUE DEBES CONOCER SI ERES MEXICANO

Artículo 1

Todo individuo gozará de las Garantías

Una Garantía básica pero irrevocable. Contempla la participación y goce de los Derechos:

"En los Estados Unidos Mexicanos todas las personas gozarán de los Derechos Humanos reconocidos en esta Constitución… así como de las Garantías para su protección, cuyo ejercicio no podrá restringirse ni suspenderse, salvo en los casos y bajo las condiciones que esta Constitución establece".

De igual forma, el artículo menciona la obligación que tienen las autoridades dentro del ámbito, de: "Promover, respetar, proteger y garantizar los Derechos Humanos de conformidad con los principios de universalidad, interdependencia, indivisibilidad y progresividad. El Estado deberá prevenir, investigar, sancionar y reparar las violaciones a los Derechos Humanos, en los términos que establezca la Ley"

Artículo 3

Todo individuo tiene Derecho a recibir educación

"Todo individuo tiene Derecho a recibir educación. El Estado –Federación, Estados, ciudad de México y Municipios–, impartirá educación preescolar, primaria, secundaria y media superior. La educación preescolar, primaria y secundaria conforman la educación básica; ésta y la media superior serán obligatorias".

Artículo 5

A ninguna persona podrá impedirse que se dedique a la profesión, industria, comercio o trabajo que le acomode.

imagina no poder ejercer la profesión que elegiste sólo porque alguien o algo te lo impide. La Constitución interviene para defender este Derecho:

"A ninguna persona podrá impedirse que se dedique a la profesión, industria, comercio o trabajo que le acomode, siendo lícitos. El ejercicio de esta libertad sólo podrá vedarse por determinación judicial, cuando se ataquen los Derechos a terceros, o por resolución gubernativa, dictada en los términos que marque la Ley, cuando se ofendan los Derechos de la sociedad. Nadie puede ser privado del producto de su trabajo, sino por resolución judicial…"

Artículo 6

Sobre la manifestación de las ideas

Este artículo se complementa con el 7mo. Ambos nos otorgan la libertad de expresar nuestras ideas sin temor a algún tipo de represalia.

"La manifestación de las ideas no será objeto de ninguna inquisición judicial o administrativa, sino en el caso de que ataque a la moral, la vida privada o Derechos de terceros, provoque algún delito, o perturbe el orden público; el Derecho de réplica será ejercido en los términos dispuestos por la Ley. El Derecho a la información será garantizado por el Estado"

Artículo 7

Es inviolable la libertad de difundir opiniones, información e ideas a través de cualquier medio

Por ejemplo, Facebook como medio de comunicación digital ha sido restringido en China, Pakistán, Malasia, Siria, Irán, Uzbekistán, Bangladesh y Vietnam. Sin embargo, en México, si quieres exponer tus ideales podrás hacerlo libremente y por cualquier medio o plataforma de difusión

Es inviolable la libertad de difundir opiniones, información e ideas a través de cualquier medio. No se puede restringir este Derecho por vías o medios indirectos, tales como el abuso de controles oficiales o particulares, de papel para periódicos, de frecuencias radioeléctricas o de enseres y aparatos usados en la difusión de información o por cualesquier otro medio y tecnología de la información y comunicación encaminados a impedir la transmisión y circulación de ideas y opiniones.

Ninguna Ley ni autoridad puede establecer la previa censura, ni coartar la libertad de difusión, que no tiene más límites que los previstos en el primer párrafo del **artículo 6o**. de esta Constitución. En ningún caso podrán secuestrarse los bienes utilizados para la difusión de información, opiniones e ideas, como instrumento del delito…"

Artículo 16

Nadie puede ser molestado en su persona, familia, domicilio, papeles o posesiones

Esta garantía habla del respeto mutuo entre individuos residentes de los Estados Unidos Mexicanos. Sabemos que no debemos afectar a nadie en ningún aspecto, pero este Artículo nos lo recuerda.

"Nadie puede ser molestado en su persona, familia, domicilio, papeles o posesiones, sino en virtud de mandamiento escrito de la autoridad competente, que funde y motive la causa legal del procedimiento

Artículo 24

Toda persona tiene derecho a la libertad de convicciones de religión

Existen cientos de creencias religiosas en México y en el mundo, e infinidad de grupos que las profesan. Es importante preservar el respeto y la integridad de las personas que manifiestan su credo.

"Toda persona tiene Derecho a la libertad de convicciones éticas, de conciencia y de religión, y a tener o adoptar, en su caso, la de su agrado. Esta libertad incluye el Derecho de participar, individual o colectivamente, tanto en público como en privado, en las ceremonias, devociones o actos del culto respectivo, siempre que no constituyan un delito o falta penados por la ley. Nadie podrá utilizar los actos públicos de expresión de esta libertad con fines políticos, de proselitismo o de propaganda política"

Artículo 35

En él se resumen los Derechos que le corresponden a los mexicanos, con respecto a la democracia y participación ciudadana en el gobierno:

I. Votar en las elecciones populares;

1. Poder ser votado para todos los cargos de elección popular, teniendo las calidades que establezca la ley. El Derecho de solicitar el registro de candidatos ante la autoridad electoral corresponde a los partidos políticos, así como a los ciudadanos que soliciten su registro de manera independiente y cumplan con los requisitos, condiciones y términos que determine la legislación;

III. Asociarse individual y libremente para tomar parte en forma pacífica en los asuntos políticos del país;

1. Tomar las armas en el Ejército o Guardia Nacional, para la defensa de la República y de sus instituciones, en los términos que prescriben las leyes;

2. Ejercer en toda clase de negocios el Derecho de petición.

3. Poder ser nombrado para cualquier empleo o comisión del servicio público, teniendo las calidades que establezca la ley;

VII. Iniciar leyes, en los términos y con los requisitos que señalen esta Constitución y la Ley del Congreso. El Instituto Nacional Electoral tendrá las facultades que en esta materia le otorgue la ley, y

VIII. Votar en las consultas populares sobre temas de trascendencia nacional

Artículo 39

LA SOBERANÍA NACIONAL RESIDE ESENCIAL Y ORIGINARIAMENTE EN EL PUEBLO

Implica que el pueblo, tenga la pauta del control de nuestro gobierno. La idea es que la democracia intervenga por medio del voto y la elección de los decretos propuestos, por el individuo que ejerza dicho gobierno.

"La soberanía nacional reside esencial y originariamente en el pueblo. Todo poder público dimana del pueblo y se instituye para beneficio de éste. El pueblo tiene en todo tiempo el inalienable Derecho de alterar o modificar la forma de su gobierno"

Artículo 123

Toda persona tiene Derecho al trabajo digno.

El empleo al que nos incorporemos debe cumplir con los requerimientos y las condiciones de un trabajo humanitario:

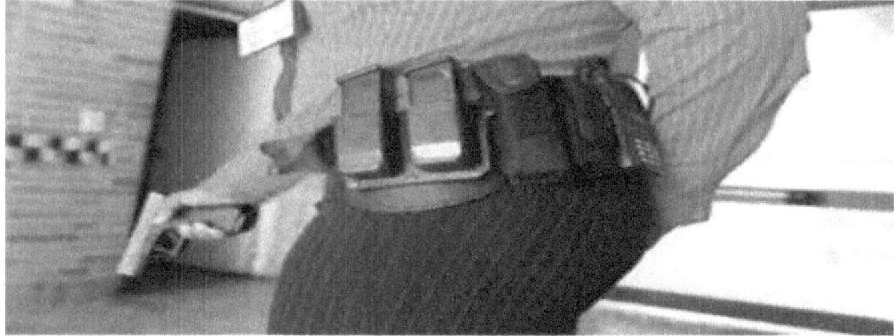

"Toda persona tiene Derecho al trabajo digno y socialmente útil; al efecto, se promoverán la creación de empleos y la organización social de trabajo conforme a la ley"

Artículo 136

Esta Constitución no perderá su fuerza y vigor

Este artículo está ligado a la validación y sustentabilidad de las Garantías contenidas en la Carta Magna.

"Esta Constitución no perderá su fuerza y vigor, aun cuando por alguna rebelión se interrumpa su observancia. En caso de que, por cualquier trastorno público, se establezca un gobierno contrario a los principios que ella sanciona, tan luego como el pueblo recobre su libertad, se restablecerá su observancia, y con arreglo a ella y a las leyes que en su virtud se hubieren expedido, serán juzgados, así los que hubieren figurado en el gobierno emanado de la rebelión, como los que hubieren cooperado a ésta".

Estos artículos conforman la actual Constitución Política De los Estados Unidos Mexicanos.

Factores como la estructura social, la economía y las modificaciones gubernamentales han influido en sus Reformas, pero todas tienen el mismo objetivo: salvaguardar y proteger nuestros Derechos.

DERECHOS HUMANOS

"Los derechos humanos son derechos inherentes a todos los seres humanos, sin distinción alguna de nacionalidad, lugar de residencia, sexo, origen nacional o étnico, color, religión, lengua, o cualquier otra condición. Todos tenemos los mismos derechos humanos, sin discriminación alguna. Estos derechos son interrelacionados, interdependientes e indivisibles". (Oficina del Alto Comisionado para los Derechos Humanos).

1er Derecho

Toda persona tiene derecho a que su vida sea respetada. Este derecho debe conceptualizarse en dos sentidos:

a) Como una obligación para el Estado de respetar la vida dentro del ejercicio de sus funciones;

b) Como una limitación al actuar de los particulares, para que ninguna persona prive de la vida a otra a la igualdad y prohibición a la discriminación.

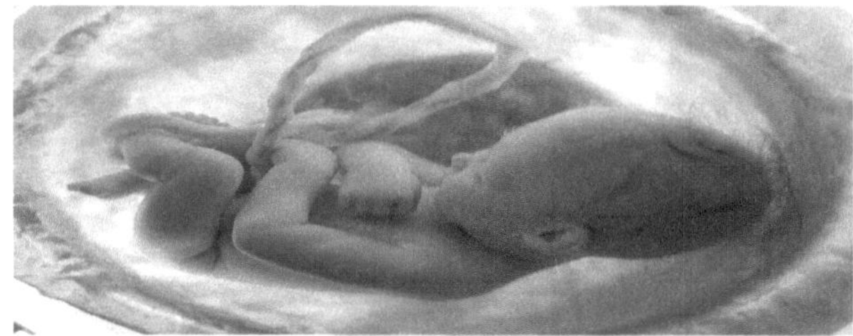

2º Derecho

Todas las personas tienen derecho a gozar y disfrutar de la misma manera los derechos reconocidos por la Constitución, los tratados internacionales y las leyes.
Se prohíbe toda exclusión o trato diferenciado motivado por razones del origen étnico o nacional, género, edad, discapacidades, condición social, condiciones de salud, religión, opiniones, preferencias sexuales, estado civil o cualquier otra que atente contra la dignidad humana y tenga por objeto anular o menoscabar los derechos y libertades de las personas.

De igual manera, queda prohibida toda práctica de exclusión que tenga por objeto impedir o anular el reconocimiento o ejercicio de los derechos humanos consagrados en nuestro orden jurídico. En México los títulos de nobleza, privilegios u honores hereditarios no tendrán validez.

IGUALDAD ANTE LA LEY.

Todas las personas gozarán de los derechos humanos reconocidos en la Constitución, en los tratados internacionales de los que el Estado Mexicano sea parte, y en las leyes que de ellos deriven.

Todas las personas son iguales ante la ley. El contenido de la ley deberá atender a las circunstancias propias de cada persona a fin de crear condiciones que permitan el acceso a su protección en condiciones igualdad.

Ninguna persona puede ser juzgada por leyes o tribunales creados especialmente para su caso.

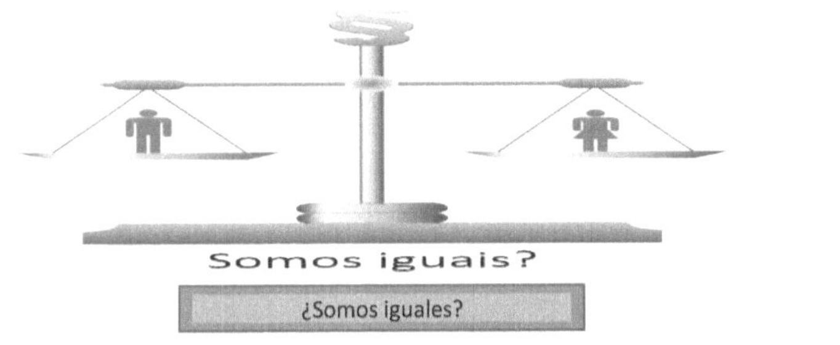

LIBERTAD DE LA PERSONA.

En nuestro país se prohíbe la esclavitud en cualquiera de sus formas y toda persona extranjera que llegue a nuestro territorio con esa condición, recobrará su libertad y gozará de la protección de las leyes mexicanas.

Así también, están prohibidos los trabajos forzosos y gratuitos o no pagados, por lo que nadie puede ser obligado a prestar trabajos contra su voluntad y sin recibir un pago justo.

ARTICULO 123 LEY FEDERAL DEL TRABAJO

Conjunto de principios, doctrinas, instituciones y normas jurídicas que regulan las relaciones laborales entre patrones y trabajadores con ocasión de un contrato laboral.

Principios Tutelar de los trabajadores: Porque ampara, protege, defiende.

Superioridad de garantías mínimas Se refiere al límite mínimo que los empleadores están obligados a otorgar a los trabajadores, como consecuencia de cualquier relación laboral.

De Irrenunciabilidad significa que el trabajador no puede renunciar a sus derechos laborales.

Necesario E imperativo Implica la aplicación forzosa en cuanto a las prestaciones mínimas que concede la ley.

De Realismo y Objetividad Estudia a la persona en su realidad social, considerando la posición económica de las partes.

Democrático Porque se orienta a obtener la dignificación económica y moral de los trabajadores, que constituyen la mayoría de la población.

SUJETOS PRINCIPALES DEL DERECHO DE TRABAJO

Trabajador Es toda persona individual que presta a un patrón sus servicios materiales, intelectuales o de ambos géneros, en virtud de un contrato o relación de trabajo.

El patrón Es toda persona individual o jurídica que utiliza los servicios de uno o más trabajadores en virtud de un contrato o relación de trabajo.

Derechos y obligaciones de los patrones sobre quienes no lo son (extranjeros), no maltrato de palabra ni de obra contra los trabajadores, proporcionar útiles e instrumentos necesarios para ejecutar el trabajo, pagar al trabajador el salario correspondiente cuando esté imposibilitado para trabajar por culpa del patrón, conceder el tiempo necesario para el ejercicio del voto, procurar por todos los medios necesarios la alfabetización del trabajador, conceder licencias con goce de salario a los trabajadores en los casos de fallecimiento del cónyuge, contraer matrimonio, nacimiento de hijo, entre otras.

LEY QUE REGULA LOS SERVICIOS DE SEGURIDAD PRIVADA EN MEXICO

Con el objetivo de establecer un nuevo marco normativo para la regulación de la Seguridad Privada, la Cámara de Senadores aprobó, en lo general, la derogación del artículo 152 de la Ley General del Sistema Nacional de Seguridad Pública. Además, expidió la Ley General de Seguridad Privada.

En la sesión ordinaria del pleno, con 57 votos a favor, 36 en contra y 3 abstenciones, aprobó las reformas a los artículos 150 y 151.

Al fundamentar el dictamen, el Senador Ernesto Gándara Camou (PRI) afirmó que estas reformas tienen la finalidad de establecer un nuevo marco normativo para la regulación de la seguridad privada como una actividad auxiliar de la función de seguridad pública.

"Este dictamen establece orden en el sector de seguridad privada al definir la distribución de competencias y la base de coordinación entre la Federación y las entidades federativas en la materia", señaló

Las reformas definen el concepto de Seguridad Privada como la actividad auxiliar de la función de Seguridad Pública a cargo de los particulares, con el objetivo de desempeñar acciones relacionadas con la seguridad en materia de protección, vigilancia, custodia de personas, información, bienes inmuebles, muebles o valores, incluidos su traslado; instalación, operación de sistemas y equipos de seguridad, que requiere Autorización Única expedida por el Servicio Nacional Regulador de Seguridad Privada en los términos de la Ley.

En cuanto a la profesionalización y capacitación del personal, se detalla que los Prestadores de Servicios estarán obligados a capacitar a su Personal Operativo; de tal manera, que los cursos de profesionalización y capacitación que se impartan deberán conducirse bajo los principios de legalidad, objetividad, eficiencia, profesionalismo, honradez y respeto a los derechos humanos.

En el apartado del Uso del Armamento se regula el procedimiento que deberán hacer los Prestadores de Servicios para obtener la opinión del Servicio Nacional para que el personal operativo sea elegible para tramitar ante la Secretaría de la Defensa Nacional la autorización que corresponda para portar armas de fuego en el desempeño de sus funciones.

El Senador Juan Carlos Romero Hicks (PAN) presentó una reserva al artículo 8 de la Ley General de Seguridad Privada para establecer el acompañamiento y autorización de las entidades federativas respecto estos servicios; sin embargo, no fue aceptada a discusión.

El dictamen aprobado se envió a la Cámara de Diputados para continuar con su trámite legislativo conforme lo establece el artículo 72 de la Constitución Política

Artículo 1

La presente Ley tiene por objeto regular la seguridad privada como actividad auxiliar de la función de Seguridad Pública, así como establecer la distribución de competencias y las bases de coordinación entre la Federación, y las Entidades Federativas, en esta materia. Sus disposiciones son de orden público e interés social y de observancia general en todo el Territorio Nacional.

Artículo 2.

Los servicios de seguridad privada son auxiliares a la función de Seguridad Pública en su función de prevención del delito. Sus integrantes coadyuvarán con las autoridades y las Instituciones de Seguridad Pública en situaciones de urgencia o desastre y siempre que lo solicite la autoridad competente de la Federación y entidades federativas.

Artículo 3.

Son sujetos de la presente Ley las personas físicas o morales, que utilicen, contraten, realicen o presten servicios de Seguridad Privada en el Territorio Nacional, sea para sí mismas o para terceros; así como, para las instituciones públicas o privadas que por la naturaleza de sus funciones o fines requieran disponer de servicios internos de Seguridad Privada, sin concurrir al mercado de tales servicios.

Artículo 4.

La aplicación y vigilancia de esta Ley, corresponde a la Federación y a las Entidades Federativas, en los términos que la misma establece.

Artículo 5.

Para los efectos de la presente Ley, se entiende por: I. Autorización Única. El acto administrativo por el que la Dirección General, permite a una persona moral prestar servicios de seguridad privada para sí mismas en todo el Territorio Nacional en las modalidades aplicables, por un periodo de dos años contados a partir de su expedición

Artículo 27.

El Permiso Único y la Autorización Única podrán otorgarse bajo las modalidades siguientes

Artículo 52. Para el desempeño de sus funciones, el Personal Administrativo, Operativo y Técnico de los prestadores de servicios deberán reunir los siguientes requisitos

No haber sido sancionado por delito doloso;

 No haber sido separados o cesados de las fuerzas armadas o de alguna institución de seguridad federal, estatal, municipal o privada, por alguno de los siguientes motivos:

a) Por falta grave a los principios de actuación previstos en las Leyes;

 b) Por poner en peligro a los particulares a causa de imprudencia, negligencia o abandono del servicio;

c) Por incurrir en faltas de honestidad o prepotencia;

d) Por asistir al servicio en estado de ebriedad o bajo el influjo de sustancias psicotrópicas, enervantes o estupefacientes y otras que produzcan efectos similares, por consumir estas sustancias durante el servicio o en su centro de trabajo o por habérseles comprobado ser adictos alguna de tales substancias;

e) Por revelar asuntos secretos o reservados de los que tenga conocimiento por razón de su empleo; f) Por presentar documentación falsa o apócrifa;

g) Por obligar a sus subalternos a entregarle dinero u otras dádivas bajo cualquier concepto,

h) Por haber sido sentenciado por delito doloso.

III. No ser miembros en activo de alguna institución de Seguridad Pública Federal, Estatal o Municipal o de las Fuerzas Armadas.

Artículo 53. Para el desempeño de sus funciones, el Personal Operativo de los prestadores de servicios deberá reunir y acreditar los siguientes requisitos:

Carecer de antecedentes penales;

Ser mayor de edad;

Estar inscritos o en trámite de inscribirse en el Registro Nacional;

Estar capacitados en las modalidades en que prestarán el servicio;

No haber sido separado de las Fuerzas Armadas o de instituciones de seguridad pública o privada por alguna de las causas previstas en el artículo 52 de la presente Ley,

No ser miembros en activo de alguna institución de seguridad pública federal, estatal o municipal o de las Fuerzas Armadas.

Artículo 54. Para el desempeño de sus funciones, el Personal Técnico de los prestadores de servicios de seguridad privada, deberá reunir y acreditar los siguientes requisitos:

Carecer de antecedentes penales;

Ser mayor de edad;

Estar inscritos en el Registro Nacional;

Estar debidamente capacitados en las modalidades en que prestarán el servicio, así como en el uso y manejo de datos personales e información confidencial, de acuerdo con su manual de procedimientos y la Ley Federal de Protección de Datos Persona.

La seguridad privada como auxiliar de la Seguridad Pública

Si bien, como lo señala la Constitución Mexicana, el Estado ostenta el monopolio legítimo de la fuerza pública, los servicios de seguridad privada coadyuvan a las instancias de Seguridad Pública de forma preventiva. Las empresas de seguridad privada, mediante la labor de monitoreo y vigilancia desempeñada por su personal, asumen un rol activo y permanente de colaboración con las autoridades para evitar la perpetración de actos ilícitos, fomentando así una corresponsabilidad de gran relevancia entre el sector público y el privado en materia de prevención de delitos. Ello constituye un elemento adicional que abona a la necesidad de que el sector opere bajo reglas y estándares bien definidos, que eviten la proliferación de empresas irregulares, cuya operación obstaculiza o incluso atenta contra la prevención del delito que éstas deben desempeñar.

Seguridad privada en la custodia del traslado de bienes o valores

Consiste en la prestación de servicios de custodia en el traslado de bienes y valores, vigilancia, cuidado y protección de bienes muebles o valores.

Sistemas de blindaje

Consiste en la instalación o comercialización de sistemas de blindaje en todo tipo de vehículos automotores, y de los equipos dispositivos, aparatos, sistemas o procedimientos técnicos especializados relacionados, así como inmuebles.

Servicios de prevención y responsabilidades Consiste en la prestación de

servicios para obtener informes de antecedentes, solvencia, localización o actividades de personas.

Procedimientos, bienes o equipamiento para la seguridad

Consiste en todo producto o servicio que sea utilizado como medio de apoyo para realizar las actividades de seguridad, en algunas de las siguientes sub-modalidades: a. De procedimientos b. De equipos c. De servicios.

CRIMINALÍSTICA

 Generalidades Es una disciplina esencialmente práctica, cuya finalidad es obtener una mayor eficiencia en el descubrimiento del delincuente y en la investigación del delito. La criminalística es la ciencia que con su método de estudios nos garantiza la resolución de muchos casos en los que se aplique independientemente de la naturaleza del hecho, ya que, estudiando la escena o lugar de los hechos, buscando y relacionando las evidencias encontradas en el lugar, en la víctima, en el victimario o sospechoso, podrá asegurarse la participación de éste, su culpabilidad o inocencia, la participación de uno o más sujetos en un hecho. La criminalística se vale de los conocimientos científicos para reconstruir los hechos. El conjunto de disciplinas auxiliares que la componen se denominan ciencias forenses.

La Criminalística registra estas interrogantes ¿Cómo?, ¿Por qué?, ¿Quiénes?, ¿Qué instrumentos Utilizaron?, ¿Dónde?, ¿Cuándo?, Etc. Consecuentemente la Criminalística utilizando una serie de técnicas procedimientos y ciencias establece la verdad jurídica acerca de un acto criminal.

La Criminalística es importante para los fines y objetivos del Derecho Penal y la Criminología porque sin la Criminalística no podría el juzgador dictar una sentencia ecuánime y verídica de acuerdo con los datos o antecedentes de la investigación criminal.

Cuando un escolta privado se ve involucrado en hechos que implican la comisión de delitos por parte de delincuentes, debe mantener la consigna de preservar su vida y la de su protegido. Sin embargo, debe ser capaz de observar todo lo ocurrido alrededor del hecho, así como colaborar en la preservación de la escena del crimen y proporcionando toda la información posible a las autoridades competentes.

En el uso de la fuerza La naturaleza del quehacer del personal de seguridad privada es la prevención. Las disposiciones en relación con el uso de la fuerza van dirigidas a las fuerzas de seguridad del Estado. Sin embargo, durante el desarrollo de sus funciones de vigilancia y protección de personas, bienes e inmuebles en el ámbito privado, el agente de seguridad enfrentará situaciones en las que tendrá que recurrir al uso de la fuerza como último recurso.

El agente de seguridad debe emplear los métodos y el grado de fuerza necesario a cada situación. Esto le obliga a extremar y cuidar su preparación física y técnica, a fin de hacer frente a cada problema con el éxito esperado.

Los principios que integran el método utilizado para el uso diferenciado y progresivo de la fuerza son:

Legalidad: Determina el marco jurídico para la aplicación de las técnicas, el mismo garantiza el respeto a los derechos humanos.

Congruencia: Expresa el uso de la fuerza de acuerdo con la situación que se presente.

Proporcionalidad: Implica la aplicación de la fuerza de forma proporcional a la resistencia del ciudadano.

Pirámide del uso de la fuerza: La siguiente pirámide del uso de la fuerza nos permitirá aplicar con éxito el uso progresivo y diferenciado de la fuerza.

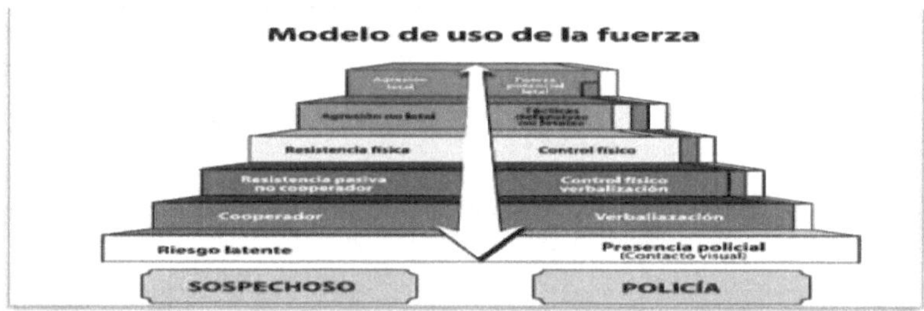

Presencia

Se refiere a la actividad preventiva por parte del agente que, cumpliéndose adecuadamente, crearán un impacto positivo o negativo en personas sospechosas, por ejemplo:

La presentación personal y el uniforme

Equipo completo y en buen estado

Atención a lo que ocurre alrededor sin distraerse (celulares, prensa, televisión, etc.)

Ubicación adecuada

Cumplimiento de normas y procedimientos de seguridad

Contacto visual con personas que se conduzcan en forma sospechosa

Comando verbal

Si la sola presencia del agente de seguridad no es suficiente, se debe dirigir hacia los sospechosos de manera directa, seria y con autoridad suficiente para hacerse obedecer, utilizando un lenguaje respetuoso, pero firme, a través de comandos claros.

Contacto físico

Si lo anterior no ha dado resultado, para neutralizar acciones delictivas, se procederá a informar y solicitar apoyo inmediato, como parte del protocolo de seguridad. Debe ahora iniciar el contacto físico de manera precavida, técnica y estratégica; tratando de minimizar el riesgo que conlleva el contacto físico.

Uso de medios no letales

Si todas las anteriores acciones no surten los efectos esperados y delante de una amenaza, se procede a la utilización de los medios no letales con los que se cuente utilizándolos de manera proporcional, los cuales pueden ser: Uso del bastón, Gas pimiento o lacrimógeno, Paralizador eléctrico.

APOYO INMEDIATO

Como parte del protocolo de seguridad y el uso de la fuerza, el agente de seguridad privada que interviene en situaciones de riesgo, debe informar de inmediato y requerir el apoyo necesario de acuerdo con la magnitud de la situación.

Medio de control

Si la situación persiste, se procederá a la utilización de los medios de control que permitan inmovilizar a la persona o personas (grilletes, esposas convencionales o desechables u otro medio para evitar la fuga) e inmediatamente se informa y coordina con las fuerzas de seguridad pública, a efecto de realizar los procedimientos adecuados.

Uso de arma de fuego

El uso del arma de fuego es única y exclusivamente cuando los medios de disuasión y control anteriormente descritos han sido insuficientes para contrarrestar cualquier amenaza que ponga en riesgo la integridad física de su persona y/o de terceras personas a quienes protege. El agente de seguridad JUDA, debe informar de inmediato de su intervención a sus superiores y a la fuerza pública. **"EL ARMA DE FUEGO ES EL ÚLTIMO RECURSO PARA UTILIZAR EN CUALQUIER INTERVENCIÓN"**.

En cualquier caso, la importancia psicológica del dominio en el empleo de la fuerza está en la rapidez con que se aplique el movimiento, lo que sin duda contribuirá a que el oponente piense que se halla ante un especialista y profesional de seguridad, cuya preparación en artes marciales es suficiente para reducirlo, si se consigue este efecto sobre el adversario, probablemente lograremos someterlo sin oposición. Si por el contrario duda o muestra nerviosismo, el oponente lo notará y será él quien tome el control. Un Escolta privado no lo debe permitir.

SEGURIDAD FÍSICA

Consiste en resguardar, proteger, escoltar, vigilar, defender la vida y la integridad corporal del prestatario, de sus bienes muebles, inmuebles; mediante recursos humanos, materiales y/o animales; a) Protección Ejecutiva: Consiste en el acompañamiento, custodia, resguardo, defensa y salvaguarda de la integridad física y derechos legítimos del Prestatario.

Custodia en el Traslado de Valores

Consiste en el depósito, protección, custodia, transportación, recuento y clasificación de monedas y billetes, títulos-valores, joyas, materiales preciosos, antigüedades, obras de arte, bienes u otros objetos que, por su valor económico, histórico o cultural y expectativas que generen puedan requerir vigilancia y protección especial, de acuerdo con las siguientes sub-modalidades: a) Especial: Cuando el traslado de carga mercantil y demás objetos que, por su valor económico intrínseco o asignado por las expectativas que generen, o por su peligrosidad, puedan requerir de mayor protección, y b) Vigilancia con vehículo: Cuando se requiere custodiar el traslado de los bienes descritos en el inciso anterior.

Seguridad Electrónica

Consiste en la instalación, operación, monitoreo y/o mantenimiento de equipos electrónicos incluyendo de manera enunciativa mas no limitativa el servicio de alarmas, Circuito Cerrado de Televisión (CCTV), centros de monitoreo y control electrónico; sistemas de posicionamiento global de dispositivos móviles o inmóviles y controles de acceso;

Seguridad con Blindajes Consiste en la fabricación, comercialización y/o instalación de blindajes en bienes muebles e inmuebles;

Seguridad Informática y Cibernética

Consiste en la preservación, integridad y disponibilidad de sus sistemas cibernéticos e información del prestatario, a través de sistemas de administración de seguridad, de bases de datos, redes locales, corporativas y globales, sistemas de cómputo, transacciones electrónicas, así como respaldo y recuperación de dicha información; sea ésta material, electrónica y/o multimedia.

Consultoría en Seguridad Privada

Consiste en la prestación de servicios para determinar procesos de administración de riesgos o de investigación privada, la cual incluye la obtención de informes de antecedentes, solvencia, localización o actividades de personas, apoyando la legítima salvaguarda de los intereses del prestatario. Cualquiera de las modalidades anteriores que por su actividad requiera el uso y portación de armas de fuego, además de cumplir con el contenido de la presente Ley, debe cumplir la Ley Federal de Armas de Fuego y Explosivos y disposiciones conexas. Para efecto de proveer en la esfera administrativa, la reglamentación correspondiente distinguirá los requerimientos de registro, supervisión y control que específicamente apliquen a cada modalidad establecida en este capítulo, según su propia naturaleza.

Y LA MEJOR PREPARACION ERES TU, PROTEGETE PARA PODER PROTEGER A LOS DEMAS, ESTA SIEMPRE CON LOS SENTIDOS DESPIERTOS.

GRACIAS.

ENRIQUE M. PICAZO ALONSO. PIAE700715FRA-0005.